OBSERVATIONS
SUR LA PÉTITION

QUE J'AI PRÉSENTÉE

À LA CHAMBRE DES DÉPUTÉS,

LE 11 FÉVRIER 1829,

AU SUJET

DES AFFAIRES FINANCIÈRES

DU GOUVERNEMENT ESPAGNOL.

C'est au règne de Ferdinand et d'Isabelle qu'il faut fixer le commencement de la dette qui accable maintenant l'Espagne, et qui a rendu tant de générations malheureuses.

Les Rois catholiques, ainsi que la dynastie autrichienne qui leur succéda, empruntèrent de l'argent pour soutenir les sanglantes guerres dans lesquelles ils ruinèrent la nation espagnole.

Les guerres pour placer la couronne sur la tête de Philippe V, augmentèrent encore les dettes de l'Etat. Rien ne fut payé sous ce règne.

Ferdinand VI ne paya rien non plus, quoiqu'il laissât le trésor rempli d'argent à sa mort.

Charles III, pour soutenir ses guerres avec l'Angleterre, contracta de nouvelles dettes.

Charles IV contracta encore plus de dettes que ses prédécesseurs ; et l'on sait la malheureuse fin de son règne.

Ferdinand VII, en rétablissant, par son décret de 1814, le système de gouvernement qui existait avant 1808, a comb'é la mesure des maux qui affligent cette malheureuse nation. Voici le tableau qu'en a tracé M. Garay, ministre des finances, dans le mémoire confidentiel qu'il lui présenta en 1817 :

« L'administration des finances a été abandonnée
» parmi nous, à un point tel, que sa situation déplora-
» ble nous en montre les funestes résultats. Jamais
» on n'a fait un véritable budjet des dépenses comme
» on doit le faire dans un pays bien gouverné ; ja-
» mais les ministres des finances n'ont eu l'auto-
» rité suffisante pour résister à l'arbitraire avec le-
» quel on dispose des sueurs des peuples; jamais les
» revenus ordinaires de l'Etat n'ont suffi à ses dé-
» penses; d'où est résultée, pour le Gouvernement,
» la nécessité de faire des emprunts, nationaux
» et étrangers. De ce désordre est née l'immense
» dette qui accable la Monarchie. L'impuissance
» où elle se trouve de l'acquitter, lui a fait perdre
» son crédit : elle est considérée au dedans et au

» dehors comme le banqueroutier le plus fraudu-
» leux. De là enfin la misère et le désespoir dans
» lesquels se trouvent plongés des milliers de fa-
» milles. Il résulte de cet état de choses, que l'on ne
» trouve pas un seul honnête homme qui veuille
» se charger du porte-feuille du ministère des
» finances, parce que la seule occupation du mi-
» nistre est de mentir et de tromper, ce qui rend
» odieux le nom de Votre Majesté. »

Dans la partie de ce mémoire, consacré spécialement au crédit national, le ministre dit :

« Des millions d'or que l'on devait appliquer à
» éteindre la dette de l'État, ou à la consolider,
» ont été soustraits à cette destination. On a dé-
» pouillé les hôpitaux, les hospices, les maisons
» de refuges et de miséricorde, sous le prétexte de
» consolider le crédit national ! Sire, j'affligerais
» trop le cœur de Votre Majesté, si je continuais à
» faire l'énumération des maux qui accablent le
» Royaume, par le mépris que l'on a fait d'engage-
» mens aussi sacrés. »

M. Garay, après avoir soumis un plan (1) comme remède à tant de maux, ajoute : « Je
» vois que Votre Majesté et son Conseil, après

---

(1) Par ce plan, il proposait de faire contribuer le Clergé pour ses biens immeubles; cette tentative le fit chasser du ministère.

» avoir examiné un état de choses qui a mis la Mo-
» narchie au bord du précipice, n'en avaient pas
» moins décidé qu'il serait imposé de nouvelles
» contributions. En effet, l'Etat doit périr ou se
» sauver dans nos mains, et les maux sont trop près
» pour perdre le temps en discussions inutiles. »

La révolution du 7 mars 1820 parut devoir mettre un terme à tant de calamités. Ce Gouvernement put dire alors, comme Thémistocle : « Nous périssions si nous n'eussions péri. »

Cette heureuse révolution, faite et consommée en trois mois, sans effusion de sang, et aux applaudissemens du peuple et de l'armée, permettait des jours prospères à l'Espagne. Le Roi, dès l'instant qu'il vit la volonté générale se manifester d'une manière unanime, s'empressa de consacrer le nouvel ordre de choses.

Les Cortès, en vertu de la constitution de 1812, furent appelées pour concourir avec le Roi, à la régénération du pays. On pénétra enfin dans le fameux labyrinthe de la dette nationale.

Les Cortès de 1811 avaient fixé la dette, par estimation, à 14,020,542,493 réaux ; mais les Cortès de 1822 réduisirent cette dette à 4,833,298,385 réaux, tant par la suppression des couvens et établissemens pieux, qui étaient créanciers pour des sommes considérables, que par des déchéances et titres irréguliers.

Des biens furent affectés par les Cortès à l'extinction de cette dette, et l'excédent de l'hypothèque sur la dette était de Rx. 2,720,676,615 (environ 700 millions de francs.)

Divers emprunts furent contractés sur la foi de ce gage, tant à Paris qu'à Londres ; les formes les plus légales consacrèrent ces opérations, qui reçurent la sanction royale la plus explicite.

Tous les principes réparateurs des maux qui accablaient l'Espagne furent proclamés. L'abolition des majorats, qui rendait à la circulation d'immenses capitaux, fut accueillie avec joie par la Noblesse. Cette noblesse, exclue jusques-là de la participation aux affaires publiques, y prit le rang qui convenait à sa position et à ses lumières. Le Clergé, dont on exagère singulièrement la puissance, se courba, sans résistance, sous le joug du nouvel ordre de choses que la plus grande partie appelait de tous ses vœux. Les Ordres réguliers furent sécularisés, et, à ce qu'il paraît, à leur grande satisfaction, puisqu'après la chute du gouvernement des Cortès, en 1823, il ne fallut rien moins que la force pour les faire rentrer dans leurs couvens. Le travail et l'industrie, qui trouvaient sureté et protection, à l'abri des nouvelles institutions, firent en peu de temps des progrès rapides.

Ainsi, de l'excès de l'oppression et des maux, parut sortir tout à coup la félicité générale.

Mais le congrès de Véronne en décida autrement. Le Gouvernement français fut chargé de l'exécution de l'anathême prononcé contre la félicité de la nation espagnole.

Au mois d'avril 1823, une armée de cent mille Français entra en Espagne, sous les ordres du duc d'Angoulême.

Des intrigues de tous genres avaient été ourdies par la diplomatie. Des trahisons, des défections et des capitulations militaires que le Roi d'Espagne a violées, rendirent faciles à notre armée des succès dont la France gémissait et payait chèrement les frais.

Ces triomphes n'éblouirent pas cependant le Prince généralissime. Si la destruction de l'armée qui soutenait la cause de la liberté en Espagne, était facile, il se présentait une autre difficulté, c'était de réédifier un état de choses en rapport avec la situation morale et financière du pays. Le Prince dut s'apercevoir que l'ancienne forme de Gouvernement était impossible. Ce fut sans doute sous l'inspiration de ces réflexions qu'il rendit l'ordonnance d'Andujar.

Cette ordonnance, qui avait pour objet de rappeler les Espagnols à la concorde, et le Gouvernement à la modération, mérita au Prince le titre de Gelon, qui lui fut donné par un Député, dont l'opinion est d'autant plus flatteuse, qu'il est assez réservé sur les éloges.

Mais la Régence, qui gouvernait au nom du Roi, s'opposa à l'exécution de cette ordonnance d'une haute sagesse.

Je crois devoir m'abstenir de toutes réflexions à ce sujet, et surtout de qualifier ces déplorables circonstances.

Le premier usage que le Roi Ferdinand fit de la liberté qui lui fut rendue au prix des trésors de la France, fut de confirmer les actes impolitiques que la Régence, gouvernant en son nom, avait rendus, et notamment de sanctionner la banqueroute aux emprunts qu'il avait faits sous le régime constitutionnel.

Un gouvernement qui fait la guerre, se propose toujours un résultat utile pour le pays qu'il gouverne; s'il en était autrement, les Gouvernemens seraient une monstruosité dans l'ordre naturel.

Ceci posé, comptons : Cette guerre a coûté à la France, de 3 à 400 millions, et notre Gouvernement, en frappant l'Espagne dans sa prospérité et dans ses affections les plus chères, a du même coup occasionné la ruine d'un grand nombre de nos concitoyens, en facilitant la banqueroute du Roi Ferdinand. Par cette banqueroute, un capital de plus de 400 millions a été soustrait au bien-être général, et par conséquent à la reproduction.

Quelle compensation le Gouvernement espagnol offre-t-il à la France pour un désastre aussi notable ? On n'en aperçoit aucun.

La Régence, en proclamant, au nom de Ferdinand, la banqueroute à la dette contractée sous le régime constitutionnel, manifesta le désir de faire un emprunt royal. Des propositions furent faites aux banquiers de Paris, de Londres et d'Amsterdam, pour traiter de ce nouvel emprunt ; toutes ces propositions furent rejetées avec mépris. Cependant une troupe de financiers d'une nouvelle espèce, qui était en relation avec le ministre des finances, leur ami politique, parvint à faire donner cette négociation, à condition, à M. Ls. Guebhard, espèce de banquier suisse, sans consistance.

Lorsque cet effet fut présenté à la Bourse de Paris, sous le titre d'emprunt royal, les agens de change en refusèrent la négociation ; mais l'ordonnance du 12 novembre 1823, contresignée par M. de Villèle, imposa à la France cette nouvelle spoliation de la part de l'Espagne.

M. Guebhard et ses associés parvinrent à négocier environ la moitié de cette espèce d'emprunt, qui était de 90,180,000 fr., remboursable par série et par 20e.; mais des discussions assez graves survinrent entre eux.

Par suite de ces dissentions, l'agent financier

espagnol retira cette affaire des mains de M. Guebhard, pour en confier la suite à M. Aguado.

Quoique M. Aguado, Espagnol réfugié, n'eût aucune consistance, force fut enfin de faire l'essai de son adresse, puisqu'aucune maison française ne voulait s'en charger.

En 1826, le remboursement de la deuxième série et le paiement des arrérages devaient avoir lieu au 1er. juillet : l'embarras était grand, et la banqueroute était imminente ; une négociation de 100 millions de réaux en valès, papier sans nulle valeur en Espagne, avait été tentée sans succès sur la place de Paris. Les journaux du commerce du 27 octobre 1825, 7, 8, 9, 16 et 18 janvier 1826, contiennent une discussion qui empêcha cette négociation. On soutint, dans cette discussion, que ces effets provenaient des paiemens faits par les acquéreurs de biens nationaux, auxquels on avait repris les biens en gardant les valeurs qu'ils avaient données en paiement.

Mais le génie des financiers espagnols ne se rebuta pas ; alléchés d'ailleurs par des succès si inespérés pour leurs fortunes personnelles, ils firent une nouvelle tentative.

M. X^{er}. de Burgos, commissaire royal de la caisse d'amortissement d'Espagne à Paris, fit insérer dans le journal des Débats du 12 avril 1826, un Prospectus par lequel il proposait aux porteurs de l'emprunt royal, la conversion de cet effet en rentes perpétuelles. (Voir ce prospectus dans ma pétition.)

Par ce prospectus, il s'agissait, comme l'on voit, de convertir l'emprunt royal en rentes perpétuelles, c'est-à dire de faire changer de nom à environ 80 millions de francs d'effets : voilà le motif apparent. Mais le but réel était d'essayer la négociation d'un effet sous un autre nom, et par ce moyen, d'introduire subrepticement dans la circulation un papier dont l'émission pourrait être indéfinie. Le succès de cette déception a surement dépassé l'espérance de ses auteurs.

M. Alex. de Laborde dit, dans le Constitutionnel du 14 janvier dernier, qu'environ 3 millions de fr. de l'emprunt royal ont été convertis et remis dans la circulation par M. Aguado, d'où il résulte qu'il n'y a pas eu de conversion.

Et M. Uriarte, teneur de livres de la dette inscrite d'Espagne, en mission à Paris, dans sa lettre insérée dans le Constitutionnel du 31 décembre dernier, annonce qu'il a été émis la somme de fr. 6,839,100 de rentes dites perpétuelles ; ce qui fait un capital de fr. 136,782,000 ; mais sur la clameur élevée par le Constitutionnel au sujet de la spoliation de nos concitoyens, par des moyens aussi répréhensibles, M. Uriarte répond, qu'un décret de S. M. C., en date du 8 mars 1824, a autorisé cette émission jusqu'à concurrence de 10 millions de francs de rentes,

Voici ce que dit ce décret qui n'a jamais été publié en France, et dont on veut se servir pour justifier la fraude :

Art. 32. « *Les emprunts qu'il serait nécessaire, dès
» à présent, de contracter, pour faire face aux besoins
» du service courant*, seront inscrits au grand-livre
» avec les formalités annoncées aux articles 5 et 6
» de ce décret, et jusqu'à la concurrence de 800
» millions de réaux ; et pour le paiement exact des
» intérêts de cette somme et le remboursement
» progressif du capital, j'assigne 48 millions de
» réaux par an. »

Cette disposition prouve évidemment l'insuffisance des ressources pour faire face aux besoins pressans de ce gouvernement.

Voilà ce qui est clair dans ce décret ; quant aux emprunts à effectuer, toutes les propositions qui furent faites aux maisons honorables de Paris, Londres et Amsterdam, furent repoussées, aucune ne voulant traiter avec un gouvernement banqueroutier et insolvable.

MM. Aguado et Fould, son associé occulte, n'ont pas été si difficiles ; mais si l'on considère la nature du capital qu'ils exposaient......, on conviendra que toutes les chances étaient en leur faveur.

Le gouvernement espagnol peut bien dire, comme Figaro : Nous avons à Paris des financiers d'une adresse !

Quant à l'affectation de 48 millions de réaux pour le paiement des intérêts et le remboursement du capital, S. M. C. se contente de dire : J'assigne. Ce mot ne ressemble t-il pas à la plaisanterie de Ninon ?

Par décret du 4 février 1824, le Roi a doté la caisse d'amortissement d'un revenu de 100 millions de réaux ; mais j'en ai fait l'analyse dans ma brochure, avec des documens officiels sous les yeux, et il en résulte que les revenus qui lui sont affectés ne s'élèvent qu'à 37 millions de réaux.

Que M. Garay avait bien raison, quand il disait que la seule occupation du ministre des finances était de mentir et de tromper !

Discussion des deux questions que j'ai soumises à la Chambre.

1°. Si les effets de ce Gouvernement si évidemment entachés de fraude et dépourvus de garantie, peuvent figurer sur le cours authentique de la bourse ?

2°. Si M. Aguado, agent de ces fraudes, n'est pas passible de l'application des lois rappelées dans l'ordonnance du 12 novembre, qui préviennent *la fraude et les conditions illégales ou illicites* que le Ministre avait prévu qui pourraient s'introduire dans la négociation des effets étrangers ?

La réponse à la première question se résout par

l'application la plus simple des principes de l'économie politique. Si un Gouvernement autorise ou tolère l'enlèvement du capital mobilier national, sans compensations utiles à la reproduction, n'en résulte-t-il pas la ruine des individus, et par conséquent celle de l'Etat ?

Quant à la seconde question, les faits abondent pour prouver la fraude dont M. Aguado s'est rendu coupable.

D'après le prospectus du 12 avril, il s'agissait de la conversion de l'emprunt royal en rentes dites perpétuelles, et d'un amortissement affecté à cette conversion. Un agent de change devait être désigné pour consacrer la légalité de l'opération, et tous les six mois on devait en rendre compte au public. Voilà les garanties qui lui ont été présentées pour le séduire et le tromper. Eh bien ! aucunes de ces promesses n'ont été remplies.

Par suite de fraudes aussi scandaleuses, un grand dommage public a été causé. M. Uriarte nous a annoncé, le 31 décembre dernier, qu'il s'élevait à 136,782,000 fr. ; mais quelle garantie avons-nous qu'il n'est pas plus considérable ?

Les journaux du 4 avril contiennent une annonce de M. Aguado, au sujet de l'amortissement qu'il effectue, dit-il : c'est la première fois qu'il fait une pareille publication depuis trois ans.

Cette publication est la déception la plus éhontée, puisque les rachats se font avec le produit des ventes, et dans le but de son intérêt particulier pour ses manœuvres de bourse.

M. Carresse vient de faire des révélations curieuses dans un Mémoire qu'il a publié à l'occasion d'un procès entre lui et M. Aguado, devant le tribunal de commerce de la Seine, au sujet de la réclamation d'une commission pour avoir négocié un traité entre le Gouvernement espagnol et les créanciers anglais.

Par ce traité il avait été convenu que l'Espagne paierait 300 millions de réaux en inscriptions de rentes perpétuelles.

Le 11 novembre 1826, M. Aguado écrivait, à Londres, à M. Carresse : *Je suis à préparer les inscriptions; dites à M. Cock que celles qui sont courantes sont de 40, 50 et 100 piastres de rentes : il en faut confectionner encore pour environ 50 millions qui manquent, lesquelles, si cela convient, peuvent être en inscriptions de 100 et 200 piastres de rentes.*

On disait dans le public que M. Aguado fabriquait lui-même les papiers qualifiés de rentes perpétuelles : ce fait est maintenant attesté par lui.

Ainsi il est à la fois *le fabricateur, le négociateur, aidé de son associé M. Fould* (1), et en même temps *l'amortisseur de cet effet.*

---

(1) Juge au tribunal de commerce de la Seine.

Le traité dont il, s'agit avait été fait sous les auspices de M. le duc de Villa-Hermosa, ambassadeur d'Espagne à Paris. Quoi qu'il en soit, il ne fut pas exécuté. A son retour à Madrid, qui eut lieu par suite de ce traité, cet ambassadeur en justifia les dispositions dans un Mémoire qu'il présenta au Roi.

« *V. M.*, dit-il, *sait malheureusement le mauvais état du crédit de l'Espagne, et que l'affaire des réclamations avait pour but, en outre de l'exécution d'un traité, l'idée de se procurer des fonds pour couvrir l'engagement du mois de juillet, et pour mettre notre papier en circulation à la bourse de Londres.* »

Ce Mémoire, dit M Carresse, a été présenté au parlement britannique par les créanciers anglais, et aucun ambassadeur espagnol n'en a contesté l'authenticité.

Ainsi c'est M. l'ambassadeur d'Espagne qui affirme qu'il fallait conclure ce traité, moins pour payer les Anglais, que pour donner du crédit à la prétendue rente perpétuelle qu'ils espéraient introduire à la bourse de Londres. Il paraît qu'à cette époque la vente de cet effet rendait douteux le paiement de l'engagement du mois de juillet à la bourse de Paris, pour le remboursement de la série de l'emprunt royal et des arrérages.

Malgré toutes les manœuvres financières de

M. Aguado et les intrigues de la diplomatie, jamais les Anglais n'ont voulu recevoir à la bourse de Londres les effets de ce Gouvernement depuis la banqueroute à ceux des Cortès.

Par le traité qui fut signé à Londres le 28 octobre 1828, le Gouvernement espagnol devait payer 22,680,000 francs aux sujets anglais.

Ce paiement s'effectue avec l'argent des Français, au moyen de la prétendue rente perpétuelle que fabrique M. Aguado.

Non-seulement M. Aguado extorque l'argent des Français pour payer les dettes de l'Espagne aux Anglais; mais, s'il faut en croire les journaux qui ont rapporté des nouvelles de Madrid, les derniers 20 millions de réaux envoyés par M. Aguado ont été expédiés à don Miguel, pour opprimer et ensanglanter le Portugal. Quel usage, grand Dieu! de la fortune de nos concitoyens.

Tous ces faits ne donnent-ils pas lieu à l'application des lois rappelées dans l'ordonnance précitée, quand même M. Aguado se réfugierait sous le manteau de S. M. C. ?

Résumé de la Situation financière actuelle.

Les dépenses indispensables s'élèvent au moins à . . . . . . f. 150,000,000
Les recettes ne vont pas au-delà de 100,000,000

Différence. . .	50,000,000
L'intérêt de la dette étant de . .	221,856,738
Le déficit annuel est de . .	f. 271,856,738

Avant 1808, les recettes de ce Gouvernement ne s'élevaient pas au-delà de 150 millions de francs. Ce fait, qui ne peut être contesté, est d'ailleurs attesté par un budget du marquis de Lerena, ministre des finances en 1789, qui s'élevait à 152 millions de francs. Le budget établi par M. Garay, pour 1817, n'évalue les recettes qu'à 149,281,746 francs.

Les Cortès, en 1822, établirent les recettes à f. 140,700,000.

Cette situation prouve que je n'évalue pas trop bas les revenus actuels, puisqu'ils ne s'élevaient qu'à 150 millions, lorsque l'Espagne était paisible et qu'elle faisait du commerce.

Ainsi que je l'ai dit plus haut, le roi Ferdinand, par son décret de 1814, a reconstitué l'ancien état de choses qui existait avant 1808, et il maintient cette situation, sans songer que les opinions et les intérêts ne sont plus les mêmes. La révolution de 1820 aurait dû l'éclairer et le guider dans la voie d'une indispensable régénération que la force des choses amènera inévitablement. Mais que peut la raison sur l'intérêt de la faction à laquelle il a abandonné les rênes de l'Etat ?

Puisque les vices et les abus qui existaient avant 1808 ont été rétablis, la dette a par conséquent repris son ancien taux. Ainsi, en y ajoutant celle qui a été contractée depuis cette époque, elle s'élève maintenant à 4,437,134,773 fr.

Depuis le retour de Ferdinand sur le trône d'Espagne, en 1814, ce pays a été en proie à des malheurs de tous genres. Les spoliations, les vengeances, les tourmens les plus atroces et la mort ont été la récompense des hommes qui l'ont replacé sur son trône, à travers les flots de sang dont l'Espagne fut inondée. Les meilleurs citoyens, les plus riches et les plus éclairés ont fui ce sol dévorateur.

Beaucoup d'Espagnols établis au Mexique ont abandonné ce pays par suite de la guerre; mais leur patrie ne leur offrant ni sécurité pour leur personne, ni sûreté pour leur fortune, ils se sont fixés avec leurs richesses en France et en Angleterre.

Toutes les sources de la richesse publique se tarissent de jour en jour. Ce beau pays est sans commerce, sans travail, sans industrie. Les produits de l'agriculture sont à vil prix. Un voyageur arrivé récemment a vu vendre des troupeaux de moutons avec leur laine à 15 réaux chaque (3 f. 75 c.)

Ne serait-il pas temps, enfin, que notre Gouvernement ouvrît les yeux sur cette plaie de l'Espagne à l'égard de notre pays ?

(19)

Voici l'état du dommage que l'Espagne a causé à la France depuis 1823 :

1°. Banqueroute aux effets des Cortès . . . . f.	436,000,000
2°. Emprunt royal.	72,144,000
3°. Rentes perpétuelles (chiffre avoué).	136,782,000
4°. Créance de notre Gouvernement.	80,000,000
5°. Frais de la guerre en 1823.	300,000,000
f.	1,024,926,000

Si l'on ajoutait à ce dommage la cessation de nos relations commerciales, et les pertes que le commerce français a éprouvées par suite des malheurs occasionnés à l'Espagne depuis 1823, on reconnaîtrait que cette situation est assurément une des causes qui agit le plus puissamment sur l'état de malaise et de dépérissement révélés par le budjet de 1830.

Paris, 25 avril 1829.

POISSON,

Rue d'Hanovre, N°. 21.

IMPRIMERIE PORTHMANN, RUE SAINTE-ANNE, N°. 43.

www.ingramcontent.com/pod-product-compliance
Lightning Source LLC
Chambersburg PA
CBHW070545080426
42453CB00029B/1952